AF498332

SUPRÊME CONSEIL

DU 33ᵉ. DEGRÉ.

A la Gl∴ du Gr∴ Arch∴ de l'Un∴ et sous
les auspices des Tr∴ Puis∴ Souv∴ Gᵈˢ∴
Insp∴ Génˣ∴ du 33ᵉ. et dernier degré du
Rit Ecossais, ancien et accepté.

~~~~~~~~~~~~~~~~

*Tracé des Travaux de la Chambre symbolique
du Sup∴ Cons∴, en la séance tenue sous la
voûte céleste du Zénitz, sur le point répondant
au 48ᵉ. degré, 50 minutes, 14 secondes, lati-
tude nord, le 23ᵉ. jour du 12ᵉ. mois, appelé
Elul, de l'an de la V∴ L∴ 5817. (23 Février
1818, ère vulg∴)*

Les Travaux sont ouverts suivant le rituel de
l'Ordre, au 1ᵉʳ. Grade du Rit Ecossais ancien et
accepté, dans un lieu très-fort, très éclairé et très-
secret, midi plein, sous la présidence du Fr∴
de MAGHELLEN, Gr∴ Insp∴ Génˡ∴ Vén∴ d'office,
secondé par les Ill∴ Chev∴ Langlois de Chalangé,
faisᵗ∴ fonctions de 1ᵉʳ∴ Survᵗ∴; et HEUREAUX

<div align="center">1</div>
~~~~~~~~~~~~~~~~

jeune., dirigeant d'office le 3e.·. Maillet. Le banc de l'Orat.·. est occupé par le Fr.·. Marquis de Massias ; et le Fr.·. Richard, Secrét.·. Titul.·. de la Chambre, tient le burin.

Un triple houz.·. d'amour, de fidélité et de respect pour S.·. M.·. le ROI de France, précède la lecture du tracé des derniers Travaux, lequel est adopté sans réclamations.

L'un des FF.·. servans armés, stationnant dans les parvis, frappe à la porte du Temple, et annonce l'arrivée du Tr.·. Puis.·. Souv.·. G.·. Command.·. *ad vitam*, le comte de GRASSE.

Une grande députation, composée de 3 G.·. Insp.·. Gén^x.·., 3 Pr.·. du royal Sec.·. et 3 Insp.·. Inquis.·. Commd^rs.·., se transporte à l'instant armée de glaives et d'étoiles, auprès de cet Ill.·. Chef.

Un roulement prolongé de tambours se fait entendre : les portes du Temple s'ouvrent, et donnent entrée au Tr.·. Puis.·. Souv.·. G.·. Command.·. qui, escorté par la grande députation, bannières déployées, franchit la voute d'acier ; et, parvenu à l'est, prend place au trône, où il reçoit le maillet du V.·. des mains de l'Ill.·. F.·. de Maghellen, qui est ensuite conduit par le M.·. des Cérém.·. à l'Ouest, où il remplace le F.·. Langlois de Chalangé dans les fonctions de 1er. Surv.·. d'office.

Le banc de l'Or.·. est en même tems cédé par le Fr.·. Marquis de Massias au Fr.·. Tissot, Orat^r.·. Titul.·. de la Chambre, lequel était entré dans le

Temple, à la suite du Tr∴ Puiss∴ Souv∴ Gr∴ Commd^r∴

Un coup de maillet parti du trône, et répété par les deux Surv∴, commande le silence.

Pendant qu'il règne sur les colonnes, le Tr∴ Puiss∴ Souv∴ G^d∴ Commd^r∴ annonce à l'At∴ qu'il a conféré au Tr∴ Ill∴ Fr∴ Maréchal de Camp, Baron de Fernig, Gr∴ Ins∴ Gén_l∴, la dignité de T∴ Ill∴ Lieut∴ G^d∴ Comm∴ *ad vitam*. Il donne aussi connaissance à la Chambre, de la nomination par lui faite des Officiers d'honneur attachés aux diverses Sections du Sup∴ Cons∴, ainsi qu'il suit :

TABLEAU des Grands Dignitaires, des Grands Officiers, Présidens et Membres d'honneur des six Sections du Suprême Conseil du Rit Ecossais, ancien et accepté, à l'époque du 1er. jour du 1er. mois de l. d. l. v. l. 5818 mars 1818.

Très - puissant Souverain grand - Commandeur *ad vitam*, le comte de GRASSE ;

Très - illustre Lieutenant grand - Commandeur *ad vitam*, J∴ B∴ M∴ de LA HOGUE ;

Très - illustre Lieutenant grand - Commandeur *ad vitam*, le baron de FERNIG, Maréchal de camp.

Grands Représentans du Souverain grand Commandeur.

Illustres grands Représent∴ *ad vitam*.
{
le comte ALLEMAND, vice-Amiral ;
le comte BELLIARD, Lieut.-général ;
le duc de SAINT-AIGNAN, Lieutenant-général, Pair de France ;
le duc de REGGIO, Maréchal de France.

VIe. SECTION.

Suprême Conseil du 33e. degré.

Ill.·. Trésorier du St.-Empire , le comte GUILLEMINOT, Lieutenant-général ;

Illustre Secrétaire-général du St.-Empire , le prince Frédéric de HESSE-DARMSTADT , Maréchal de camp ;

Illustre Grand-Maître des cérémonies du St.-Empire , le comte FRÈRE , Lieutenant-général ;

Illustre Capitaine des gardes du St.-Empire , le baron de JOINVILLE , Intendant militaire de la première Division.

Adjoints aux Grands Officiers d'honneur du Suprême Conseil.

A l'Illustre Trésorier du Saint-Empire , le comte de CASTELLANE , pair de France ;

A l'Illustre Secrétaire-général du St.-Empire, le comte d'ESTOURMEL , ancien Officier supérieur ;

A l'Illustre Maître des cérémonie du St.-Empire ;

A l'Illustre Capitaine-des-Gardes du St.-Empire , le chevalier ROBERT WILSON , général anglais.

V^e. SECTION.

Consistoire des sublimes et vaillants Princes de Royal Secret , 32e. degré.

Président , le duc de GUICHE , premier Ecuyer et Aide-de-camp de S. A. R. le Duc d'Angoulême , 32e. ;

Premier Lieutenant , le baron LAMBERT , Inspecteur en chef aux revues , 32e. ;

Second Lieutenant, le comte Raymont Geneviève de GRAMONT, Colonel, 32e. ;

Ministre d'Etat, Grand Orateur; le vicomte VAN DEDEM, Lieutenant-général, 32e. ;

Grand Chancelier, Secrétaire-général........

Grand Trésorier, le comte Héraclius de POLIGNAC, 32e. ;

Grand Hospitalier, le comte Alexandre de DAVIDOFF, général russe, 32e. ;

Grand Expert, le prince Nicolas SCHERBATOFF, général russe 32e. ;

Gr.·.-M.·. des cérémonies, le prince Léon NARISCHKIN, général russe, 32e. ;

Grand Garde des sceaux et archives, le comte DEMBOWSKI, colonel Polonais, 32e. ;

Grand Ordonnateur des banquets, le comte Arthur POTOCKI, premier Aide-de-camp général de l'Empereur Alexandre, roi de Pologne.

Adjoint aux Grands Officiers d'honneur du Consistoire des S. et V. P. D. R. S.

Au Grand Hospitalier, le F.·. BURARD, Médecin, 33e.

IVe. SECTION.

Tribunal des Grands Inquisiteurs, Souverains Commandeurs, 31e. degré.

Président, le duc de GRAMONT, Capitaine des gardes-du-corps du Roi, Lieutenant-général, Pair de France, 33e.

Premier Inspecteur, le marquis de MASSIAC, 33e.

Deuxième Inspecteur, le chevalier AUBERNON, Commissaire-ordonnateur en chef, 31e.

Grand Orateur, le vicomte PINON, Colonel de la 2e. Légion de la Garde nationale, 33e.

(6)

Grand Secrétaire-général, le chevalier CHAMEAU, Colonel, 31e.

Grand Chancelier, le baron PHILIPPON, Lieutenant-général, 33e.

Grand Hospitalier, le prince d'AREMBERG, 31e.

Grand Expert, le chevalier DUJARDIN de LACOUR, 31e.

Grand-Maître des cérémonies, le baron DESFOURNEAUX, Lieutenant-général, 33e.

IIIe. SECTION.

Aréopage des illustres Chevaliers K∴ H∴, 30e. degré.

Président, le comte DE CAZES, pair de France, Ministre de la police générale, 33e.

Premier grand Surveillant, le baron DURIEUX, Maréchal de camp, 30e.

Deuxième grand Surveillant, le baron SOYEZ, Maréchal de camp, 30e.

Grand Orateur, le comte DUBOURG, colonel, 30e.

Grand secrétaire général, le baron SCHMIT, 30e.

Grand Trésorier, le baron TOUSSAINT, maréchal de camp, 30e.

Grand Hospitalier, le baron PROST, Maréchal de camp, 30e.

Grand Expert, le baron PROTEAU, Maréchal de camp; 30e.

Grand Garde des Sceaux, le Marquis DE BROSSE, 30e.

Grand Maître des cérémonies, le baron BOIVIN, maréchal de camp, 30e.

Adjoints aux Grands Officiers d'honneur de l'Aréopage des Ill∴ Ch∴ K∴ H∴

Au Grand Orateur le chevalier CHEVALLIER, Ingénieur, 30e.

(7)

II. SECTION.

Grande Chambre capitulaire, R.·. ✠, 18e. degré.

Président, le comte Charles de la GRANGE, Lieutenant-général, 30e. ;

Atherzata, le F.·. de LORME, ancien Capitaine de Cavalerie, 30e. ;

Premier Gardien, le chevalier MOREAU D'OMATRE, 30e. ;

Deuxième Gardien, le baron de BOIVILLE, Lieutenant-colonel, 30e. ;

Grand Orateur, le F.·. Louis BORDA, Négociant, R.·. ✠, 18e. ;

Grand Secrétaire-général, le baron CREUTZER, Maréchal de camp, 30e. ;

Grand Trésorier, le baron GIROUX, Commissaire-ordonnateur, 30e. ;

Grand Hospitalier, le vicomte de MELVILLE, Lieutenant-colonel, 32e. ;

Grand Garde des Sceaux, le baron COUTURE, Maréchal de camp, 30e. ;

Grand Expert. . . . . .

Grand Maître des cérémonies, le baron PERNET, Colonel, 30e.

Ire. SECTION.

Grande Chambre Symbolique.

Vénérable, le chevalier COMBES, commissaire-ordonnateur, 30e.

1er. Surveillant, le baron CLARY, maréchal-de-camp, 30e.

2e. Surveillant, le baron BELLAIR. maréchal-de-camp, 30e.

Orateur, le F.·. DE FAYOLLE, propriétaire, R ✠, 18e.

Secrétaire-général, le F∴ CRUZEL, ex-commissaire des guerres adjoint, 3o°.

Trésorier, le F∴ GUENIN, propriétaire, M∴

Hospitalier, le F∴ DE KLAPROT, conseiller intime du roi de Prusse, 32°.

Garde des sceaux, le F∴ DESPREZ, propriétaire, 3o.

Expert, le chevalier BAILLIF, colonel, 3o°.

Maître des cérémonies, le chevalier JOLY, Maréchal de camp, 3o°.

Premier Diacre, le F∴ Edme BORDA, Négociant, G∴ E∴ d∴ l∴ V∴ S∴, 14°.

Deuxième Diacre, le F∴ BARTHELEMY, sous-Préfet, R∴✠, 18°.

Porte-étendard, le baron L'AVENANT, R∴✠, 18°.

Garde du Temple, le F∴ YVONNET, Négociant, R∴✠, 18°.

Frère Terrible, le chevalier LEGENDRE de la FERRIÈRE, Capitaine des grenadiers à cheval de la garde Royale.

Adjoints aux Grands Officiers d'honneur de la grande Chambre Symbolique.

Au Grand Orateur, le chevalier de SAINT-ALLAIS, 33°.

HARMONIE HONORAIRE.

Directeur. Le F∴ de GARAUDÉ, compositeur, professeur de chant à l'École royale de Musique et membre de la Chapelle du Roi. R∴✠, 18°.

Adjoint au Directeur. Basse-Taille. Le F∴ HENRI DE BELAIR, membre de l'École Royale de Musique et de la Chapelle du Roi. M∴

Tenore. Le F∴ PONCHARD, sociétaire du théâtre royal de l'Opéra comique, membre de la

Chapelle du Roi et professeur de chant à l'Ecole Royale de Musique. M.·.

Tenore. Le F.·. RIGAULT, 1er. tenore de la chambre du Roi et de la Chapelle de S. M. M.·.

Basse-Taille. Le F.·. LE VASSEUR, 1er. basse-taille de la chambre du Roi et artiste de l'Académie Royale de Musique. M.·.

Pianiste. Le F.·. (Jacques) HERZ, compositeur et professeur de piano. M.·.

Harpiste. Le F.·. (Gabriel) FOIGNET, 1er. harpiste du théâtre royal de l'Opéra Comique et professeur. M.·.

Violon. Le F.·. (Alexandre) BOUCHER, ex-directeur de la musique du roi d'Espagne Charles IV, et professeur. M.·.

Basse. Le F.·. L. DUPORT, violoncelle solo de la musique du Roi. M.·.

Flûte. Le F.·. GUILLOU, professeur de flûte à l'Ecole Royale de Musique, membre de la Chapelle du Roi et de l'Académie Royale. M.·.

Hautbois. Le F.·. VOGT, 1er. hautbois de l'Académie Royale de Musique et professeur à l'Ecole Royale. M.·.

Clarinette. Le F.·. DACOSTA, Membre de l'Académie Royale de Musique et de la Chapelle du Roi. M.·.

Cor. Le F.·. DAUPRAT, professeur à l'Ecole Royale de Musique et 1er. cor de l'Académie Royale de Musique. M.·.

Basson. Le F.·. GEBAUER, membre de la Chapelle du Roi et de l'Académie Royale de Musique.

*

Lecture faite de cette liste, le Tr∴ Puis∴ Souv∴ G^d∴ Comd^r∴ suspend les travaux de l'At∴ ; puis se transporte, accompagné de plusieurs Ill∴ Insp∴ G^aux∴, dans un autre lieu très-fort, très-éclairé et très-secret, où, après avoir ouvert successivement les travaux des 6e∴, 5e∴, 4e∴, 3e∴, 2e∴ et 1ere∴ sections du Sup∴ Cons∴, il reçoit le serment de fidélité audit Sup∴ Cons∴ des FF∴ nommés Gr∴ Dign∴ Offic∴ d'honneur, lesquels consacrent et fortifient ce même serment, en apposant, *manu propriâ*, leurs signatures individuelles à la suite de sa transcription sur le livre d'Or du Tr∴ Puiss∴ Souv∴ G^d∴ Commd^r∴.

Rentré dans le Temple et placé sur le trône, ce Vén∴, Chef des Maçons écossais en France, remet en vigueur les travaux de la chambre symbolique, et remplit ensuite, pour les Officiers d'honneur de cette chambre, les mêmes formalités.

Il annonce à l'At∴ la perte douloureuse que l'Art royal vient d'éprouver par le décès récent du Fr∴ Hardy, président du consistoire des Sub∴ et Vail∴ P∴ du R∴ secret, siégeant à Rouen, et ordonne que, pendant les trois plus prochaines séances de la Chambre, les Lumières porteront un crêpe, en signe de deuil et de tristesse.

Un Fr∴ demande qu'une cérémonie funèbre soit ordonnée pour manifester la douleur de l'At∴. La délibération à ouvrir sur cette proposition, est ajournée.

Un coup se fait entendre à la porte du Temple :

il précède l'annonce du retour dans ses parvis, des grands Dignit∴ et des Offic∴ d'honneur du Sup∴ Cons∴. Une grande députation se transporte auprès d'eux : les portes s'ouvrent : les bannières de l'Ecossisme se déployent, et ces Ill∴ FF∴ sont introduits sous la voûte d'acier, maillets et tambours battant. Puis, placés à l'Or∴ où ils entourent le T∴P∴S∴G∴ Comd∴, qui, étant debout et à l'ordre, ainsi que tous les FF∴, leur adresse un discours de félicitation dans lequel les sentimens d'une fraternelle cordialité sont parés de tous les charmes de l'éloquence.

L'At∴ commandé, par le T∴P∴S∴G∴ Commd∴, applaudit ensuite par un triple houz∴ à l'installation des nouveaux Dignit∴ et des Offic∴ d'honneur. Le baron de Fernig, L∴G∴ Comd∴ ad vitam, remercie au nom de tous ces Ill∴ FF∴ dont, par respect pour leurs éminens grades, l'At∴ ne couvre pas les batteries. Une fanfare brillante se fait entendre, et le roulement prolongé des tambours met fin à la cérémonie.

La porte du Temple retentit de quelques coups frappés en profane : on annonce ensuite et l'on introduit dans l'intérieur de l'At∴ un enfant nouvellement né, en faveur duquel le baptême maçonnique est demandé par le F∴ Levasseur son père, et par les FF∴ Maghellen et Heureaux jeune, ses parrains.

L'At∴ ayant, à l'unanimité, sanctionné les conclusions prises par le F∴ Orat∴ en faveur de l'enfant déposé sur l'autel , et le F.·. Levasseur ayant prêté en son nom l'obligation de se soumettre à une initiation régulière , lorsqu'il aura atteint l'âge prescrit par les règlemens , ce jeune Néophyte Louveteau reçoit le baptême maçonnique écossais, suivant le Rituel , des mains du T.·. P.·. S.·. G.·. Commd^r.·.

Des sons mélodieux précèdent les batteries par lesquelles l'At.·. applaudit à cette initiation anticipée. Elles sont couvertes par le G.·. M.·. des cérémonies , qui se rend aussi , et à l'avance , l'interprète de la reconnaissance qu'éprouvera l'enfant , lorsqu'il sera en âge d'apprécier la faveur dont il est l'objet.

On annonce, puis l'on introduit dans le Temple , le Trib.·. des G.·. Insp.·. Inquis.·. Commd^r.·. Il est reçu sous la voûte d'Acier , maillets et tambours battant ; il prend place ensuite à l'Est.

Le silence règne.

Le G.·. Orat.·. demande et obtient la parole ; et, dans un éloquent tracé , il commence par signaler à l'At.·. quelques faits récens qui dérivent du système anti-fraternel , adopté par le G.·. Orient de France envers le Sup.·. Cons.·.

Mais bientôt abordant un plus noble texte, il appelle l'attention de la Chambre sur l'illustration qui résultera pour l'Ecossisme de l'admission dans le sein du Sup.·. Cons.·. , en leur qualité de grands Dig.·. et de G.·. Offic.·. d'honneur , des militaires et autres personnages de distinction qui décorent , en cette solemnité, tant l'Est que les colonnes de la L⬜∴.

L'At∴ applaudit par un triple Houz∴, à cette pièce d'architecture, dont il ordonne le dépôt dans les archives du Sup∴ Cons∴, et les sons d'une brillante harmonie viennent reposer l'attention donnée par la chambre aux travaux de l'Orat∴

Cet Officier, sur l'ordre du T∴ P∴ S∴ G∴ Commd^r∴, donne lecture :

1°∴ D'une demande en constitution, adressée au Sup∴ Cons∴, sous la date du 20e. jour du 12e. mois de l'an de la V∴ L∴ 5817, par neuf FF∴ qui désirent fonder à l'Or∴ de Paris une L⬜∴ écossaise, sous le titre distinctif de Marie Caroline ;

2°∴ Du tableau des Membres actifs de cette Respect∴ L⬜∴.

3°∴ D'un extrait de leur délibération, en date du 5e∴ jour du 9e∴ mois de l'an 5817, par laquelle l'Ill∴ F∴ Gilly a été nommé représentant de cette même L⬜∴, auprès du Sup∴ Cons∴

La Chambre consultée sur la demande en constitution dont il s'agit, un F∴ demande qu'il en soit donné acte au F∴ Gilly pour cette L⬜∴, et qu'une commission soit nommée d'office par le T∴ P∴ S∴ G∴ Commd^r∴, hors la séance, pour prendre les informations d'usage en pareil cas. — Cette proposition est convertie en arrêté, sur les conclusions conformes de l'Orat∴ ; et le T∴ P∴ Souv∴ G∴ Commd^r∴ déclare et proclame en état d'instance la Resp.˙. L☐.˙. écossaise de Marie Caroline, à l'Or.˙. de Paris.

On annonce, puis on donne l'entrée du Temple aux Ill.˙. FF.˙. le duc de Guiche, le G^{al}.˙. Davidoff et le colonel comte Dembowski, Officiers d'honneur du Sup.˙. Con.˙., lesquels sont conduits à l'autel par le G.˙. M.˙. des Cérém.˙., et y prêtent, en cette qualité, entre les mains du T.˙.P.˙.S.˙.G.˙.Comd^r.˙. le même serment de fidélité que celui des autres Officiers d'honnneur; serment qu'ils confirment par leur signature apposée *manu propriâ*, sur le livre d'Or.

De vives batteries les accueillent, et sont couvertes par leurs remercimens

Le sac des propositions circule et n'en produit aucune.

Le tronc de bienfaisance, après avoir parcouru l'Est, l'Ouest et les Colonnes, est rapporté, par l'ordre du T.˙.P.˙.S.˙.G.˙. Commd^r.˙., sur l'autel de l'Orat.˙. qui en vérifie le produit, et le remet au Trésorier - Adj.˙. du S^t.˙. Empire, vu l'absence du F.˙. Hospitalier.

Les travaux sont momentanément suspendus, et l'At.˙. se transporte avec ordre dans la salle des banquets où la L☐.˙. de table prend force et vigueur en la forme usitée, sous le commandement du T.˙.P.˙.S.˙.G.˙. Commd^r.˙.—Dans le cours des travaux, la santé du Roi, celle de son auguste famille, du T.˙.P.˙.S.˙.G.˙. Comd^r.˙., des grands Dignitaires et des Officiers d'honneur du Sup.˙. C.˙.;

celles des Sup.·. Cons.·. étrangers des G.·. Ori^{ts}.·. français et étrangers , des divers At.·. de la corresp.·. des FF.·. visiteurs, ainsi que les autres santés d'usage, sont successivement portées aux sons d'une musique militaire, et accompagnées des plus vives batteries. Puis la chaîne d'union se forme : le cantique des Ecossais fait retentir les voûtes du temple, et les travaux ayant été fermés minuit plein , suivant le rituel de l'ordre , tous les FF.·. se retirent en paix.

CHAMBRE SYMBOLIQUE

DU SUP.·. CONS.·. DU 33e. DEGRÉ.·.

Extrait du Tracé des Travaux du 8 avril 1818 , (ère vulg).

Le T.·. Ill.·. F.·. vice-amiral comte Allemand , fait à l'At.·. le rapport suivant :

« T.·. P.·. S.·. G.·. Cd^r.·. , T.·. Ill.·. Lieut^s.·. du
» G.·. Ill.·. G.·. Off.·. , 1er. et 2e. Surv^{ts}.·. , et vous
» tous mes T.·. Ch.·. FF.·. ,

» Le T.·. P.·. S.·. G.·. Cd^r.·. m'ayant fait la faveur de me nommer président chargé de remettre
» à S.·. Exc.·. le comte de Cazes , Ministre de la
» Police générale et Pair de France , un diplôme
» de Membre d'honneur du Sup.·. Con.·. des G^s.·.
» Insp.·. G^{aux}.·. , 33e. et d^r.·. degré du Rit écossais
» ancien et accepté , j'écrivis à S.·. Exc.·. pour lui

» demander une audience, en lui faisant connaître
» l'objet de notre mission.

. » D'après son adhésion, je me rendis hier auprès
» d'elle, avec nos Ill.·. FF.·.
    » Le prince Scherbatoff,
    » Le lieutenant général comte Frère,
    » Le maréchal de camp Soyez,
    » Le chevalier Aubernon,
    » Le baron Combes
    » Et le baron Durieux, maréchal de camp.
» les autres frères convoqués, n'étant pas venus
» à l'heure indiquée.

    » Après un court exposé, je présentai au Mi-
» nistre son diplôme qu'il accepta avec reconnais-
» sance et plaisir, en nous témoignant qu'il était
» extrêmement flatté de la faveur qu'il recevait du
» Sup.·. Cons.·. , et qu'il aimerait à se trouver
» souvent à ses réunions.

    » Je lui présentai le tableau nominal et la com-
» position des diverses Sections du Sup.·. Cons.·. :
» S.·. Exc.·. nous dit qu'elle s'y trouvait en pays
» de connaissance, qu'elle les renouvellerait ;
» qu'elle en ferait d'autres, qu'elles lui seraient
» toutes agréables.

    » Nous nous estimons heureux, mes FF.·. ,
» d'avoir à vous annoncer le succès de nos dé-
« marches : l'Ordre Écossais fait une acquisition
» précieuse; c'est une forte Colonne qui contribuera
» sans doute beaucoup au soutien du Rit ancien
» et accepté. »

Après la lecture de ce rapport , l'Ill. F.·. comte de Caze est proclamé Président d'honneur de l'Aréopage des Chev.·. K.·. H.·. Un triple Honz.·. soutenu par de vives batteries , applaudit à la fois à cette nomination et au zèle des Membres de la députation. L'Ill. F.·. comte Allemand remercie , tant en leur nom qu'au sien , et le respect dû à son éminent grade ne permet pas à l'At.·. de couvrir ses batteries.

On donne lecture d'une demande de Lettres capitulaires adressée au Sup.·. Cons.·. par le Souv.·. Chap.·. de *la Sagesse et des Arts* , à la Vallée de Carcassonne.

Renvoi à la Chambre capitulaire du Sup.·. Con.·.

On lit ensuite une demande en constitution adressée au Sup.·. Cons.·. par la Resp.·. L☐.·. de *la Constance éprouvée* , à l'Or.·. de Paris , et appuyée d'un tableau des Membres qui la composent.

L'At.·. sanctionne les conclusions prises par le F.·. Orat.·., tendantes à ce que cette Resp.·. L☐.·. soit déclarée en état d'instance , et à ce qu'elle soit autorisée , en conséquence , à travailler provisoirement sous les auspices du Sup.·. Cons.·.

On frappe à la porte du T.·. en maçon ; et le F.·. G^d.·. Expert annonce que le général baron de Fernig , lieutenant, grand Commandeur *ad vitam,* se trouve dans les parvis. Le F.·. G.·. O.·. obtient la parole en sa qualité de conservateur des règlemens, et demande au T.·.P.·.S.·G.·. Comd^r.·. que le T∴ Ill∴ F∴ de Fernig soit reçu avec tous les honneurs dus à son éminente dignité.

Une députation se transporte dans les parvis, et introduit le T∴ Ill∴ L∴ G∴ Comd^r∴, maillets battant, sous la voûte d'Acier. Il renouvelle à l'At∴ l'assurance de son attachement et celui de son dévouement à l'ordre.

On recommence la lecture du rapport fait par l'Ill∴ F∴ vice-amiral comte Allemand.

Le T∴ P∴ S∴ G∴ Commd^r∴ donne connaissance à l'At∴, que ceux des grands Off∴ d'honneur qui n'étaient point présens à la séance du 23 février 1817 (ère vulgaire), ont prêté depuis, et signé individuellement, leur serment de fidélité à l'Ecossisme : entre autres, les Ill∴ FF∴ le duc de Saint-Aignan, pair de France ; le comte de Cazes, Ministre de la police ; le maréchal duc de Reggio, etc., etc.

La Chambre symbolique a remarqué avec plaisir l'heureux effet des principes de philantropie et de tolérance voulus et pratiqués par le Sup∴ Con∴ Une foule immense d'honorables visiteurs, parmi lesquels on remarquait les RR∴ F∴ Chevallier, Vénér∴ de la L□∴ des *Admirateurs de l'Univers*, etc., etc., décoraient l'Or∴ et les Colonnes. Ces FF∴, vivement émus des épreuves d'attachement et d'estime qu'on leur prodiguait, en témoignèrent une gratitude persuasive et éloquente.

Les présents Tracés seront adressés en nombre suffisant d'exemplaires au G∴ O∴ de France, aux

Sup∴ Cons∴ et GG∴ OO∴ étrangers et à toutes les Loges, Chapitres, Consistoires et autres Ateliers de la correspondance.

Certifié conforme :

Le G∴ Command∴ *ad vitam*,
    Signé , Le Comte DE GRASSE.

Le Lieut∴ G∴ Command^r∴ *ad vitam*,
    Signé, J. B. M. de LA HOGUE.

Le Lieut∴ G∴ Command^r∴ *ad vitam*,
    Signé , Général DE FERING.

Par commandement :

L'Adjoint au Secrét^{re}∴ du St-Empire ,
    Signé , RICHARD. 33e.

Le Secrét^{re}∴ des Comm∴ du T∴ P∴ S∴ G∴ C∴
Signé , LANGLOIS DE CHALANGÉ.

De l'Imprimerie de NOUZOU , rue de Cléry , n°. 9.